BEI GRIN MACHT SICH IHR WISSEN BEZAHLT

- Wir veröffentlichen Ihre Hausarbeit, Bachelor- und Masterarbeit

- Ihr eigenes eBook und Buch - weltweit in allen wichtigen Shops

- Verdienen Sie an jedem Verkauf

Jetzt bei www.GRIN.com hochladen und kostenlos publizieren

Bibliografische Information der Deutschen Nationalbibliothek:

Die Deutsche Bibliothek verzeichnet diese Publikation in der Deutschen National-bibliografie; detaillierte bibliografische Daten sind im Internet über http://dnb.d-nb.de/ abrufbar.

Impressum:

Copyright © 2018 GRIN Verlag
Druck und Bindung: Books on Demand GmbH, Norderstedt Germany
ISBN: 9783668826458

Dieses Buch bei GRIN:

https://www.grin.com/document/443982

Maximilian Zwermann

Christliche und philosophische Haltungen zur Sklaverei im römischen Reich der Kaiserzeit

GRIN Verlag

GRIN - Your knowledge has value

Der GRIN Verlag publiziert seit 1998 wissenschaftliche Arbeiten von Studenten, Hochschullehrern und anderen Akademikern als eBook und gedrucktes Buch. Die Verlagswebsite www.grin.com ist die ideale Plattform zur Veröffentlichung von Hausarbeiten, Abschlussarbeiten, wissenschaftlichen Aufsätzen, Dissertationen und Fachbüchern.

Besuchen Sie uns im Internet:

http://www.grin.com/

http://www.facebook.com/grincom

http://www.twitter.com/grin_com

Inhaltsverzeichnis

1 Weltverantwortung der Christen

Im Laufe der Jahrhunderte ist sich die römisch-katholische Kirche und die christliche Gemeinschaft als Ganzes ihrer Verantwortung für die Welt bewusst geworden und nimmt sie auch aktiv wahr. Davon zeugt beispielsweise die Entwicklung des politischen und sozialen Engagements der Kirchenvertreter für die Unterdrückten und Armen zur Zeit der Militärdiktaturen in vielen Staaten Lateinamerikas in der zweiten Hälfte des 20. Jahrhunderts. Mit der Problematik der Sozialethik hat sich die sogenannte Befreiungstheologie entwickelt. Dennoch ist das Christentum schon immer Vorwürfen ausgesetzt gewesen, es habe sich nicht genug um die Gesellschaft und ihre Probleme gekümmert.

So ist es nicht verwunderlich, dass in die Diskussion um die Verantwortung der Christen für die Welt, die von der politischen Theologie unter der Frage nach den christlichen Möglichkeiten zur Weltgestaltung und Weltveränderung beleuchtet wird, nun auch die Stellung des frühen Christentums zur antiken Sklaverei eingebracht worden ist.

Im Mittelpunkt dieser Seminararbeit steht die Frage, wie die Sklaverei von den römischen Philosophen und der urchristlichen Gemeinde im Römischen Reich der Kaiserzeit wahrgenommen worden ist.

Im Rahmen des W-Seminars **„Homo homini lupus – Sklaverei in der Geschichte"** werden in der Arbeit zunächst die Haltungen der antiken Philosophen zur Sklaverei im Römischen Reich der Kaiserzeit betrachtet. Exemplarisch für das Gedankengut der zeitgenössischen Philosophen sind die Schriften von Lucius Annaeus Seneca als Vertreter der Stoa, einer der bedeutendsten philosophischen Schulen der abendländischen Geschichte, und des Philon von Alexandria als Vertreter der jüdisch-hellenistischen Autoren zu untersuchen.

Weiterführend sind im zweiten Teil der Seminararbeit die christlichen Positionen zur Sklaverei dargestellt. An dieser Stelle werden besonders die Briefe des Apostels Paulus sowie die Schriften der lateinischen Kirchenlehrer Augustinus von Hippo und Ambrosius von Mailand herangezogen. Zum Schluss folgt ein Vergleich der philosophischen und christlichen Standpunkte zur Sklaverei.

2 Christliche und philosophische Haltungen zur Sklaverei im römischen Reich der Kaiserzeit

2.1 Sklaverei und die Philosophie

2.1.1 Stoische Libertas bei Seneca

Seneca gilt als einer der bedeutendsten Philosophen des ersten Jahrhunderts n. Chr. Als Erzieher des späteren Kaisers Nero ist Seneca allerdings nicht nur als stoischer Philosoph, sondern auch als mächtiger Staatsmann, der Jahre lang zu den wichtigsten Beratern des Kaisers gehört hat, in die Geschichte eingegangen. Neros maßvolles und moralisches Handeln während der ersten Jahre seiner Herrschaft ist vor allem das Verdienst Senecas gewesen. Seine grundsätzlich stoischen Schriften bleiben jedoch offen für epikureische Gedanken, wie die Hochschätzung der Freundschaft, und für platonische Elemente, wie die Hoffnung auf die Rückkehr der Seele an ihren himmlischen Ursprungsort.[1]

Um nun Senecas Vorstellungen von der *humanitas*, seinem ethischen Menschenbild und damit auch von der Sklaverei erfassen zu können, muss man zunächst seine *epistulae morales ad Lucilium* betrachten. In diesem Werk, das 124 moralphilosophische Briefe an Lucilium umfasst, entfaltet er umfassend die Topoi der stoischen Lehre.

Seneca formuliert in seinen *epistulae morales* eine weiterentwickelte und verfeinerte Form der *humanitas*. So übernimmt er als Kernsatz seiner Lehre über die Humanität eine Aussage des römischen Philosophen Terenz, einem der bedeutendsten Dichter der Archaik: „‚ich bin ein Mensch, nichts Menschliches ist mir fremd' (ep. 95,32)"[2]. Seneca geht sogar davon aus, dass in der Seele eines jeden Menschen die Gottheit wohnt und der Mensch Gott gleich wird, da die Vernunft beiden gemeinsam ist.[3] Aus dieser Gottesverwandtschaft folgert nun Seneca die Geistesverwandtschaft der Menschheit und steht damit voll und ganz in den Grundsätzen der stoischen Lehre. Da die Menschen denselben Ursprung und dieselbe Natur haben, sind sie alle gleich, egal ob Freie oder Unfreie. Seneca ist der Ansicht, es sei allen Menschen möglich, von dem guten Geist *(Logos)* erfüllt zu werden. Was dieser gute Geist allerdings ist, lässt er dabei offen. In dieser Hinsicht, erklärt der Stoiker, sind alle menschlichen Wesen vornehm. Allein der Mensch, der von der Natur zur Tugendhaf-

---

[1] Vgl. Ottmann, Henning: Geschichte des politischen Denkens. Die Römer. Stuttgart und Weimar 2002, S. 242
[2] ebd. S. 258
[3] Vgl. Vollmann, Franz: Über das Verhältnis der späteren Stoa zur Sklaverei im Römischen Reich. Hamburg 2013, S. 13 f.

tigkeit veranlagt ist, wird von dem Geist geadelt.[4] Nach Meinung Senecas ändern also weder die Herkunft eines Mannes noch seine Vorfahren und damit auch sein Stand etwas daran, wie viel er wert ist und was er erreichen kann. Dem Philosophen ist es nicht wichtig woher ein Mensch kommt, sondern was er aus seinem Leben macht. In dieser Hinsicht erkennt Seneca keinen Unterschied zwischen einem Sklaven und einem Freien, denn jedem menschlichen Wesen ist es möglich sich selbst zu entfalten und frei zu leben, zumindest in der Theorie. So führt er in einer weiteren Schrift aus, dass allein der Charakter und nicht der Beruf oder Stand eines Menschen für sein Ansehen entscheidend ist. Denn das Schicksal gibt einem jeden den Beruf, aber der Mensch sich selbst den Charakter.[5]

Deshalb ist die rechtliche Versklavung eines Menschen für einen Stoiker von keiner Bedeutung. Sie liegt nicht im Einflussbereich des Menschen, sondern ist ein Faktor, der vom Schicksal bestimmt wird, wie auch Gesundheit und Krankheit, Reichtum und Armut sowie hoher und niedriger Status. Demzufolge ist die Sklaverei weder als gut noch als schlecht zu beurteilen, sondern sie ist gleichgültig zu betrachten. Wahre Sklaverei ist wie wahre Freiheit ein Zustand der Seele, nicht des Körpers. Folglich kann ein freier Verstand auch in einem unfreien Körper existieren, denn die Seele ist dank des Wirkens der Götter von uns bestimmbar.[6] Für den Stoiker Seneca ist die freiwillige Unterwerfung vieler Freier unter die Laster viel schändlicher als die unverschuldete, physische Versklavung der Unfreien.[7]

Mit der Lehre von der Gleichheit aller vernunftbegabten Wesen stellen sich Seneca und die Stoa selbst gegen den Glauben an eine Sklaverei, die in der Natur des Unfreien begründet liegt. Zu den berühmtesten Vertretern dieser Theorie zählen Platon und Aristoteles. So sieht Aristoteles „die Sklaverei als in der Natur begründet. Der Sklave hat keinen Anteil am Logos; er zählt unter den Sachbesitz und ist lediglich ‚beseeltes Werkzeug‘"[8].

Allerdings geht Seneca sogar noch weiter und behauptet in Brief 31: „Der Geist kann ebensowohl auf einen römischen Ritter wie auf einen Freigelassenen oder Sklaven fallen. Was heißt römischer Ritter, Freigelassener oder Sklave? Es sind bloße Namen, der Eitelkeit und dem Unrechte entsprungen."[9] Seneca verurteilt hier die Sklaverei in schärfstem Maße und zeigt deutlich, dass er die Herrschaft eines Mannes über ein anderes menschli-

---

[4] Vgl. Seneca, Lucius Annaeus: Epistulae morales ad Lucilium V 3 (44). In: Loretto, Franz (Hrsg.): Briefe an Lucilius über Ethik. 5.Buch. Stuttgart 1988, S. 13 ff.
[5] Vgl. Seneca, Lucius Annaeus: Epistulae morales ad Lucilium V 6 (47). In: Loretto, Franz (Hrsg.): Briefe an Lucilius über Ethik. 5.Buch. Stuttgart 1988, S. 29
[6] Vgl. Garnsey, Peter: Ideas of slavery from Aristotle to Augustine. Cambridge 1996, S. 132
[7] Vgl. Seneca, Lucius Annaeus: Epistulae morales ad Lucilium V 6 (47). In: Loretto, Franz (Hrsg.): Briefe an Lucilius über Ethik. 5.Buch. Stuttgart 1988, S. 33
[8] Laub, Franz: Die Begegnung des frühen Christentums mit der antiken Sklaverei. Stuttgart 1982, S. 12
[9] Seneca, Lucius Annaeus: Epistulae morales ad Lucilium IV 2, 11 (31). In: Vollmann, Franz: Über das Verhältnis der späteren Stoa zur Sklaverei im Römischen Reich. Hamburg 2013, S. 14 f.

ches Wesen als fragwürdig, wenn nicht gar als verwerflich, empfindet.[10] Der Stoiker stellt mit diesem Satz klar, dass sich seiner Ansicht nach ein römischer *Equites* nur deshalb als solcher bezeichnen kann, weil er sich aus egoistischen Gründen und gegen die Natur über einen anderen Menschen erhoben hat. Peter Garnsey, ein Professor der Universität Cambridge, warnt allerdings in seinem Werk davor, diesen Textausschnitt zu stark zu bewerten. So sieht er in Senecas Aussage lediglich einen Hinweis auf die mögliche unrechte Versklavung eines Menschen. Im Allgemeinen bescheinigt er Seneca ein nur geringes Interesse daran, wie ein Mensch zum Sklaven geworden ist, oder an der Gerechtigkeit der Sklaverei, da er das Sklaventum dem Schicksal zuschreibt.[11] Beide Autoren, sowohl der Historiker Franz Vollmann als auch Professor Garnsey, stellen ihre Interpretation dieser Textstelle Senecas durchaus plausibel dar, weshalb sie beide zu Wort kommen. Ich habe mich für die revolutionärere Ansicht Vollmanns entschieden. Denn wer die Gleichheit aller Menschen annimmt und jedem Wesen auf der Erde einen Anteil am Logos, also der Urvernunft, bescheinigt, dessen Theorie erscheint nur dann glaubwürdig, wenn er die Sklaverei als unnatürlich und Unrecht verurteilt.

Die Schule der späten Stoa hat sich in ihrer philosophischen Diskussion kaum mit der Sklaverei im rechtlichen Sinne beschäftigt. Auch Seneca bildet hier keine Ausnahme. Dementsprechend liefert der Stoiker keinen Ursprung, keine Ursachen oder Rechtfertigung der Versklavung eines Menschen[12], die prinzipiell gegen seine Lehre von der Gleichheit aller Menschen verstößt. Er beschäftigt sich vielmehr mit der Frage nach der richtigen Behandlung der Unfreien, wobei hier die Hervorhebung der Vernunftbegabung der Sklaven einen humanisierenden Einfluss auf seine Anweisungen ausübt. So betont Seneca, „dass derjenige, den du deinen Sklaven nennst, aus den gleichen Keimen entstanden ist, sich des gleichen Himmels erfreut, ebenso atmet, ebenso lebt und ebenso stirbt.“[13]
Deshalb verlangt Seneca, dass jeder Herr genauso mit seinem Sklaven umgeht, wie er selbst von einem Ranghöheren behandelt werden möchte. Dies ist aber nicht der einzige Grund für Senecas Plädoyer für einen humanen Umgang mit den Unfreien. Ein solches Handeln nützt nicht nur dem Sklaven, sondern gleichzeitig auch dem Herrn. Diesem soll bewusst werden, dass auch ein Unfreier seinem Besitzer genauso wie ein Untertan seinem

---

[10] Vgl. Vollmann, Franz: Über das Verhältnis der späteren Stoa zur Sklaverei im Römischen Reich. Hamburg 2013, S. 13 f.
[11] Vgl. Garnsey, Peter: Ideas of slavery from Aristotle to Augustine. Cambridge 1996, S. 145
[12] Vgl. ebd. S. 134
[13] Seneca, Lucius Annaeus: Epistulae morales ad Lucilium V 6, 10 (47). In: Loretto, Franz (Hrsg.): Briefe an Lucilius über Ethik. 5.Buch. Stuttgart 1988, S. 29

König Wohltaten gewähren kann und der Freie davon profitiert.[14] Der Philosoph ruft dazu auf, den Sklaven wie einen freien Lohnarbeiter zu behandeln, der sich von diesem nur durch die Dauer seines Dienstverhältnisses unterscheidet. Schließlich hat der Sklavenhalter Interesse daran, dass ein teuer erkaufter Sklave ein langes Leben hat, in dem er für seinen Herrn arbeiten kann und ihm einen wirtschaftlichen Nutzen einbringt. Für Senecas Aufruf zur Menschlichkeit spielt auch der für die Stoa charakteristische Glaube an das Schicksal eine große Rolle. Ein Herr soll bedenken, dass sich das Glück schnell wenden kann und aus einem aufstrebenden freien Mann mit glänzender Zukunft ein Sklave werden könnte, genauso wie es vielen Soldaten von Varus' Legionen nach der Schlacht im Teutoburger Wald ergangen ist.[15] Deshalb spricht Seneca von den „Mitsklaven"[16], denen das Schicksal in ihrem bisherigen Leben nicht gewogen gewesen ist. So soll man die Unfreien nicht wegen ihres Unglücks verschmähen, sondern sie wie Menschen behandeln und mit ihnen sogar an einer Tafel speisen.

2.1.2 Philon von Alexandria

„Noch vor dem neutestamentlichen Schrifttum findet sich die erste philosophisch beachtenswerte Begegnung zwischen biblischem und griechischem Freiheitsdenken bei Philo von Alexandrien: ‚Während in den Jugendschriften [...] das gemeingriechische, vor allem stoische Freiheitsverständnis vorherrscht, vollzieht sich in den Auslegungen des Pentateuch eine Durchdringung biblischer Offenbarungsgehalte mit vorab platonischen Denkmotiven'."[17] Um Philon und seine Verknüpfung verschiedener philosophischer Schulen zu verstehen, muss man sich zunächst mit dem historischen Rahmen seiner Zeit befassen. So sind im Zusammenhang mit der Diaspora nach der babylonischen Eroberung des Reiches Juda im Jahr 586 v. Chr. viele Juden nach Babylon verschleppt worden. Nach der Beendigung der babylonischen Gefangenschaft im Zuge der Eroberung Babylons 538 v. Chr. durch die Perser siedeln sich nun viele Juden auch in Ägypten an.[18] Ab dem dritten Jahrhundert v. Chr. entwickelt sich Alexandria zu einem wichtigen Zentrum sowohl für die griechische als auch die jüdische Kultur. Dabei verbinden sich nun in den Schriften von

---

[14] Vgl. Bormann, Lukas: Philippi. Stadt und Christengemeinde zur Zeit des Paulus. Leiden, New York, Köln 1995, S. 171 ff.
[15] Seneca, Lucius Annaeus: Epistulae morales ad Lucilium V 6 (47). In: Loretto, Franz (Hrsg.): Briefe an Lucilius über Ethik. 5.Buch. Stuttgart 1988, S. 29
[16] Vgl. ebd. S. 25
[17] Faust, Ulrich: Christo servire libertas est. Zum Freiheitsbegriff des Ambrosius von Mailand. Salzburg und München 1983, S. 31
[18] Bibelwissenschaft: Das babylonische Exil

Philon, der ca. 25 v. Chr. geboren worden ist und eine umfangreiche hellenistische Schulbildung genossen hat, die religiösen Traditionen des Judentums mit der griechischen Philosophie.[19]

Philon von Alexandria ist zur Zeit der Kaiser Tiberius, Gaius und Claudius einer der Anführer der jüdischen Gemeinde in der ägyptischen Stadt Alexandria gewesen.[20] Die Werke des Philon von Alexandria schlagen eine Brücke zwischen den stoischen und aristotelischen Theorien zur Sklaverei auf der einen Seite und den christlichen Gedanken auf der anderen.[21] Entsprechend den Stoikern unterscheidet der jüdisch-hellenistische Autor zwei Zustände von Sklaverei: zum einen die auf den Körper und zum anderen die auf die Seele angewandte Sklaverei. So kann der Mensch von seinem Herrn physisch unterworfen werden oder von Lastern und Affekten auf einer moralischen Ebene.[22] Ebenso wie Seneca vor ihm entwirft Philon ein Bild der natürlichen Gleichheit von Freien und Sklaven, der Herr ist dem Versklavten dabei nur an Glück überlegen. Da der Zufall jedoch nicht als das göttliche Gesetz wirksam ist, ruft er die Sklavenbesitzer dazu auf, nicht übermäßig von ihrer Autorität Gebrauch zu machen und sie nicht mit unnötiger Gewalt oder Verachtung zu behandeln.[23]

Allerdings fordert auch der jüdisch-hellenistische Gelehrte nicht die allgemeine und endgültige Abschaffung der Sklaverei. Denn „anknüpfend an das Freilassungsgebot für hebräische Schuldsklaven im 7. Jahr ist er bemüht, in der Dienstbarkeit eines guten und gehorsamen Sklaven nach stoischem Vorbild ein Lohnarbeitsverhältnis zu sehen, in welchem Gleichheit und Brüderlichkeit in vollem Sinn gewährt bleiben."[24] Ihm ist bewusst, dass die Realität von seinen Idealvorstellungen stark abweicht, und fordert deshalb seine Landsleute auf, ihre jüdischen Sklaven nach sechs Jahren Dienst freizulassen, da für sie die Freiheit das größte Geschenk sei.[25] Natürlich soll dieses jüdische Gebot der Tora, für Philon selbstverständlich, nicht auf andersgläubige Knechte Anwendung finden.

Der Philosoph wendet sich auch dem Wesen eines wahren freien Mannes zu, der aufgrund seines Charakters seine innere Unabhängigkeit behält, obwohl er ein Sklave ist, und setzt

---

[19] Vgl. Katholisch-Theologische Fakultät der Ludwig-Maximilians-Universität München: Das hellenistische Judentum.

[20] Vgl. Garnsey, Peter: Ideas of slavery from Aristotle to Augustine. Cambridge 1996, S. 153

[21] Vgl. ebd. S. 157

[22] Vgl. Philon: Über die Freiheit des Tüchtigen 17–19. In: Garnsey, Peter: Ideas of slavery from Aristotle to Augustine. Cambridge 1996, S. 158

[23] Vgl. Philon: Philon von Alexandria: De specialibus legibus 3.137. In: Garnsey, Peter: Ideas of slavery from Aristotle to Augustine. Cambridge 1996, S. 171

[24] Klein, Richard: Die Sklaverei in der Sicht der Bischöfe Ambrosius und Augustinus. Stuttgart 1988, S. 46

[25] Vgl. ebd. S. 46

sich mit dem stoischen Ideal des Weisen auseinander.[26] Für Philon ist der Weise ein freier Mann, weil er sich allein von Gott führen lässt und frei von allen Affekten ist. Außerdem soll er ein Freund Gottes sein. Seine Freiheit beruht auf der gegenseitigen Zuneigung zwischen Gott und dem Weisen und dem Vertrauen auf die Vernunft.[27] Denn wer Gott liebt, der wird auch von Gott geliebt und kann deshalb kein Sklave sein. In Moses, dem Verfasser des Pentateuchs, dem spirituellen Führer und Befreier des Volkes Israel, glaubt Philon einen solchen weisen und freien Mann gefunden zu haben, der Gott in tiefer Freundschaft verbunden ist.[28]

Aber es lässt sich bei Philon von Alexandria auch ein völlig zu seiner Theorie der Gleichheit der Menschen widersprüchliches Urteil über die Sklaverei finden, eine Rechtfertigung der Versklavung von Menschen: „Da dieser sich zu dem platonisch-stoischen Grundsatz bekennt, daß [sic!] nur der Weise in Wahrheit frei von sklavischer Neigung sei [...], kann er bedenkenlos seine Mahnung an die Herren, ihre jüdischen Sklaven wie freie *mercennarii* zu behandeln, auf jene beschränken, die es wegen ihrer geistigen und moralischen Anlagen auch verdienen.“[29] Dieser philonische Gedanke über den Zweck der Kontrolle von unvernünftigen Menschen durch einen Herrn zu ihrem eigenen und dem Wohl der Gemeinschaft wird auch später noch von dem Kirchenlehrer Ambrosius von Mailand weitergeführt.

2.1.3 Einfluss des stoischen Gedankenguts auf die Gesetzgebung der römischen Kaiser zur Sklavenfrage

Zunächst wenden wir uns den gesetzgebenden Institutionen des Römischen Reiches ab dem Beginn der Kaiserzeit zu. Primär hat der Senat die legislative Funktion inne, allerdings mehr theoretisch als praktisch. Der Kaiser besitzt die Möglichkeit, unliebsame Abstimmungen im Senat zu verhindern und damit das Erlassen von einem neuen Gesetz zu unterbinden. Allerdings erhalten kaiserliche Dekrete Gesetzeskraft. Zu Senat und Kaiser kommen als dritte legislative Gewalt noch die Entscheidungen und die Gutachten von kai-

---

[26] Vgl. Philon von Alexandria: Über die Freiheit des Tüchtigen 17–19. In: Garnsey, Peter: Ideas of slavery from Aristotle to Augustine. Cambridge 1996, S. 158
[27] Vgl. Garnsey, Peter: Ideas of slavery from Aristotle to Augustine. Cambridge 1996, S. 159
[28] Vgl. Philon von Alexandria: Über die Freiheit des Tüchtigen 43. In: Garnsey, Peter: Ideas of slavery from Aristotle to Augustine. Cambridge 1996, S. 159 f.
[29] Klein, Richard: Die Sklaverei in der Sicht der Bischöfe Ambrosius und Augustinus. Stuttgart 1988, S. 47

serlichen Rechtsgelehrten hinzu, die in komplizierten Rechtsangelegenheiten hinzugezogen worden sind.[30]

Welche kaiserliche Gesetzgebung wäre beachtenswerter hinsichtlich des philosophischen Einflusses auf die Rechtssetzung zur Sklaverei als die des Philosophen auf dem Kaiserthron, Marc Aurel? Denn der Stoiker widmete der Gesetzgebung besondere Aufmerksamkeit. Von ihm sind über 350 Gesetze überliefert[31], mehr als die Hälfte davon betreffen Frauen, Kinder und Sklaven, all jene Gruppen, denen die Stoa große Beachtung geschenkt hat. „Allein 60 Gesetze über Sklaven und Freigelassene [...], die alle, so Noyen (1955, 109), vom *favor libertatis,* von ‚einem Vorurteil zugunsten der Freiheit'"[32], geprägt sind, hat Kaiser Marc Aurel verabschiedet.

Andere Quellen[33] dagegen behaupten, dass sich keine besonderen Bestrebungen zur Humanisierung der Sklaverei in Marc Aurels Gesetzgebung abzeichnen. So hat er keine Regelungen über die Behandlung von Sklaven erlassen, da diese den Eigentumsrechten der Sklavenhalter widersprächen. Außerdem sind die wenigen Gesetze zum Schutz der Sklaven, wie zum Beispiel der Zwangsverkauf von Sklaven, die lieber Selbstmord begehen wollen, als weiter bei ihrem Herrn zu sein, schon von den Vorgängern des Kaisers angeordnet worden. Demnach sind diese Regelungen Zeichen der Anstrengung, Verstöße gegen die *pietas* zu ahnden und den sozialen Frieden zu festigen.

Die stoische Philosophie habe diesen Argumenten zufolge keinerlei Einfluss auf die kaiserlichen Juristen und die Dekrete Marc Aurels gehabt. Die Frage nach der Bewährung des stoischen Gedankenguts in der Praxis ist natürlich nur schwer zu beantworten. Diese Lehre zeigt sich jedoch erfolgreich, da der Kaiser um eine maßvolle Politik bemüht gewesen ist und man ihm einen *favor libertatis* unterstellen darf, auch wenn er die meisten seiner Gesetze nur unterschrieben haben dürfte, da sie juristischen Sachverstand erfordert haben, an dem es dem Kaiser vermutlich gemangelt hat.[34] Somit wird deutlich, dass auch die kaiserlichen Juristen und Berater „ausgehend von den Prinzipien der Stoa, die Anerkennung der natürlichen Rechte des Sklaven zu erwirken bemüht"[35] gewesen sind. Zunehmend sind die Möglichkeiten der Folter von Sklaven bei Gerichtsprozessen eingeschränkt und auf Antreiben des Kaisers die Tierkämpfe mit Sklaven für private Veranstalter verboten wor-

---

[30] Vgl. Vollmann, Franz: Über das Verhältnis der späteren Stoa zur Sklaverei im Römischen Reich. Hamburg 2013, S. 30 f.

[31] Vgl. Finkenauer, Thomas: Die Rechtsetzung Mark Aurels zur Sklaverei. Mainz 2010, S. 7

[32] Vgl. Ottmann, Henning: Geschichte des politischen Denkens. Die Römer. Stuttgart und Weimar 2002, S. 309

[33] Vgl. Finkenauer, Thomas: Die Rechtsetzung Mark Aurels zur Sklaverei. Mainz 2010, S. 89

[34] Vgl. Ottmann, Henning: Geschichte des politischen Denkens. Die Römer. Stuttgart und Weimar 2002, S. 309

[35] Vollmann, Franz: Über das Verhältnis der späteren Stoa zur Sklaverei im Römischen Reich. Hamburg 2013, S. 41

den. Erstaunlich ist, dass nun die Sklaven nicht mehr wie in der Zeit der Römischen Republik nach dem *ius civile*[36] vor dem Gesetz wie Sachen behandelt, sondern als Menschen in den Gesetzestexten aufgeführt worden sind.

Zusammenfassend lässt sich feststellen, dass die Rolle des stoischen Gedankenguts bei der kaiserlichen Gesetzgebung Marc Aurels in der wissenschaftlichen Diskussion sehr umstritten ist. Es darf dem Kaiser jedoch nachgesagt werden, dass er sich bemüht hat, die von der Stoa vertretene Gleichheit der Menschen zumindest ein Stück weit in die Praxis umzusetzen, obwohl ihm vermutlich bewusst gewesen ist, dass dies von der Realität abgewichen ist.

2.2 Sklaverei und das Christentum

2.2.1 Stellung der Sklaven im Neuen Testament

In dem zweiten Teil der W-Seminararbeit werden die christlichen Haltungen zur Sklaverei zunächst anhand von Briefen des Apostels Paulus betrachtet. Diese sind das älteste literarische Zeugnis vom Zusammentreffen der christlichen Botschaft mit der Institution der Sklaverei der Antike.[37]

Paulus stammt aus einer jüdischen Diasporafamilie in Tarsus, die das römische Bürgerrecht besessen hat, eine Tatsache, die in den damaligen östlichen Gebieten des Römischen Reiches ein Herausstellungsmerkmal dargestellt hat. Wie es die Tradition unter den Diasporajuden vorgeschrieben hat, besitzt er zwei Namen: den hebräischen Schaul und den griechischen Paulos. Durch die Gräzisierung des hebräischen Namens in der Apostelgeschichte haben sich schließlich die Namen Saulus und Paulus entwickelt. Der spätere Apostel Paulus hat eine Ausbildung zum Pharisäer in Jerusalem erfahren und außerdem das Handwerk des Zeltmachens erlernt.[38]

Paulus von Tarsus richtet sich in dem ersten Korintherbrief an die Sklaven, die in der dortigen christlichen Gemeinde leben. So ermahnt er sie in ihrem Stand zu bleiben, ohne Missgunst zu zeigen.[39] Angesichts der in Gott ergangenen Berufung der Menschen und vor dem Hintergrund der Liebe Christi ist das Problem des sozialen Status, ob Freier oder Sklave, aufgehoben. Ebenso ist wie die Frage, ob beschnitten oder nicht beschnitten wer-

---

[36] Vgl. ebd. S. 34
[37] Vgl. Laub, Franz: Die Begegnung des frühen Christentums mit der antiken Sklaverei. Stuttgart 1982, S. 63
[38] Vgl. Katholisch-Theologische Fakultät der Ludwig-Maximilians-Universität München: Der vorchristliche Paulus.
[39] Vgl. 1 Kor 7,22–24

den solle, bedeutungslos geworden.[40] „Denn, so argumentiert V. 22, die entscheidende Veränderung hat – auf einer anderen Ebene als der gesellschaftlichen – bereits stattgefunden."[41] Durch die Taten von Jesus Christus ist der Sklave „losgekauft von der versklavenden Sündenmacht, damit er ein Freigelassener Christi ist, der sein neuer und eigentlicher Herr"[42] wird. Die Mahnung an die Sklaven, ihren Stand nicht zu verändern, ist eine Warnung, diese im Herrn gewonnene Freiheit nicht wieder zu verlieren. In dem Brief an die Galater geht der Apostel noch weiter und stellt die gläubigen Sklaven mit den gläubigen Freien auf eine Ebene in der christlichen Gemeinschaft. „Denn ihr alle, die ihr auf Christus getauft seid, habt Christus angelegt. Es gibt nicht mehr Juden und Griechen, nicht Sklaven und Freie, nicht Mann und Frau"[43]. Infolgedessen entsteht ein Paradoxon, das auch bei der Stoa vorkommt. Paulus spricht von einer Freiheit, die alle gläubigen Sklaven erlangen können, ohne dabei die Beendigung der Institution der Sklaverei zu fordern oder gar im Sinn zu haben. Er hat schlichtweg kein Interesse an ihr oder ihrer Abschaffung. Sein Anliegen ist allein die Berufung der Menschen zu verkünden und die Probleme der jungen paulinischen Gemeinden im Rahmen der bestehenden sozialen Verhältnisse zu lösen. Um Paulus' Sozialethik verstehen zu können, muss man sich ebenfalls bewusst machen, dass er wie alle Gläubigen in der urchristlichen Gemeinde die baldige Rückkehr Jesu Christi auf die Erde erwartet hat und damit auch die Verwirklichung der Freiheit in der Realität.[44] Allerdings wird dieses eschatologische Motiv in der Forschung und in der wissenschaftlichen Diskussion nicht als der alleinige Beweggrund für Paulus' Handeln akzeptiert. So verfolgt Paulus das übergeordnete Ziel, seinen Gemeinden Regeln zu geben, anhand derer sie ihr Leben innerhalb der bestehenden Gesellschaft gestalten können.[45]

Die späteren Briefe des Neuen Testaments und die apostolischen Väter sind darum bemüht gewesen, den Gläubigen bei der Gestaltung ihres Alltags in Bezug auf ihre Verantwortung gegenüber Gott und auf ihre Pflichten gegenüber den Hausgenossen zu helfen. Diese Sammlungen von Ermahnungen werden als Haustafeln bezeichnet.[46] Im Kolosserbrief richtet sich Paulus von Tarsus an die drei Grundbeziehungen im Haushalt: Männer und Frauen, Eltern und Kinder sowie Herren und Sklaven. Gegensätzlich zu den antiken Philo-

---

[40] Vgl. Gülzow, Henneke: Christentum und die Sklaverei in den ersten drei Jahrhunderten. Bonn 1969, S. 41
[41] Laub, Franz: Die Begegnung des frühen Christentums mit der antiken Sklaverei. Stuttgart 1982, S. 65
[42] Schulz, Siegfried: Gott ist kein Sklavenhalter. Die Geschichte einer verspäteten Revolution. Zürich 1972, S. 175
[43] Gal 3,27–29
[44] Vgl. Faust, Ulrich: Christo servire libertas est. Zum Freiheitsbegriff des Ambrosius von Mailand. Salzburg und München 1983, S. 43
[45] Vgl. Laub, Franz: Die Begegnung des frühen Christentums mit der antiken Sklaverei. Stuttgart 1982, S.77ff
[46] Vgl. Gülzow, Henneke: Christentum und die Sklaverei in den ersten drei Jahrhunderten. Bonn 1969, S.57

sophen wie Seneca, werden die Sklaven von Paulus direkt angesprochen und damit den anderen genannten christlichen Haushaltsmitgliedern gleichgestellt. Den Unfreien trägt Paulus auf, ihrem Besitzer gegenüber Gehorsam zu zeigen. Ihre Aufgaben sollen sie jedoch nicht gewissenhaft erledigen, um ihrem menschlichen Herren zu gefallen, wie es die vielen heidnischen Sklaven zu tun pflegen, sondern aus Furcht vor ihrem himmlischen Herrn.[47] Wobei das altgriechische Wort φόβος in der alttestamentlichen Tradition jedoch nicht Furcht, sondern Ehrfurcht bedeutet. Somit bezeichnet φοβούμενος die christliche Demut. Dieser Ausdruck ist folglich eine christliche Bildung in alttestamentlicher Tradition und die Begründung für den Gehorsam der Sklaven.[48] Vor allem sollen die Sklaven sich bewusst machen, dass sie als Lohn für ihre Mühen im Jenseits das lang erwartete Heil erhalten. Aber auch die Herren stehen verbunden mit ihren Sklaven im Dienst des Herrn Jesus Christus und sollen bedenken, dass er über sie wacht, und deshalb den Sklaven das gewähren, was „recht und billig ist"[49]. Denn vor dem Schöpfer sind alle Menschen gleich und im Jenseits wartet auf Sklaven und Sklavenbesitzer der gleiche Richter.

Abschließend wird der kurze Brief an Philemon betrachtet, in dem der Apostel Paulus direkt mit dem Besitzer des entlaufenen Sklaven Onesimus über dessen weiteres Schicksal verhandelt. Wie schon im 1 Kor 7,22–24 wird die rechtliche Seite der Institution der Sklaverei nicht erwähnt, sie wird trotz einer konkreten, notvollen Situation eines Sklaven weder thematisiert noch problematisiert.[50] Der Brief entfaltet sein Gewicht durch die Argumente, die Paulus für die versöhnliche Wiederaufnahme des entlaufenen Onesimus in den Haushalt seines rechtmäßigen Besitzers, dessen Rechte Paulus nicht anzweifelt, anführt. Allein aus der Bekehrung des Sklaven zum Christentum ergibt sich ein neues Verhältnis zwischen ihm und seinem Herrn. Philemon erhält ihn „nicht mehr als Sklaven, sondern als weit mehr: als geliebten Bruder"[51] zurück. Der Apostel Paulus zieht aus dieser Veränderung „in einer Weise Konsequenzen, dass die auf Ungleichheit basierende Institution der Sklaverei – so unangetastet sie als solche auch bleibt – im Grunde genommen unterlaufen wird."[52]

---

[47] Vgl. Kol 3,18–4,1
[48] Vgl. Schröder, David: Die Haustafeln des Neuen Testaments: Ihre Herkunft und theologischer Sinn. Hamburg 1959, S. 131
[49] Kol 3,18–4,1
[50] Vgl. Weber, Carl: Sklaverei im Altertum. Leben im Schatten der Säulen. Düsseldorf 1981, S. 341
[51] Phml 16
[52] Laub, Franz: Die Begegnung des frühen Christentums mit der antiken Sklaverei. Stuttgart 1982, S. 69

2.2.2 Christliche Haltungen zur Sklaverei am Beispiel der lateinischen Kirchenlehrer

Im folgenden Teil der Seminararbeit wird nun die Einstellung der frühen christlichen Kirche zu der Sklaverei dargestellt. Die Betrachtung einer solchen generellen Haltung der christlichen Gemeinde wäre allerdings nur durch eine Verallgemeinerung der Ansichten der Kirchenlehrer im vierten Jahrhundert möglich, die zu diesem Thema alles andere als einig gewesen sind. Deshalb wird diese Untersuchung beispielhaft anhand der Schriften der bedeutenden Bischöfe Ambrosius von Mailand und Augustinus von Hippo durchgeführt.[53]

2.2.2.1 Ambrosius von Mailand

Ambrosius von Mailand, der 339 n. Chr. in Trier geboren und 397 n. Chr. in Mailand gestorben ist, zählt zu den spätantiken Kirchenlehrern der lateinischen Westkirche und damit auch zu den einflussreichsten Theologen seiner Zeit, der die Lehre und das Selbstverständnis des Christentums geprägt hat.[54] Aufgrund seines Verdienstes, aus den Evangelien und den Apostelbriefen die christliche Glaubenslehre entwickelt zu haben, zählt der Bischof zu den vier großen Kirchenvätern der Westkirche.[55]

Der Bischof von Mailand offenbart in Anlehnung an Paulus[56], dass die wahre Freiheit allein in Christus und damit in der Erkenntnis der Weisheit erreichbar ist. Mit dem Aufgreifen des stoischen Grundsatzes, mit dem sich auch Philon von Alexandria beschäftigt hat[57], nämlich dass jeder Weise frei ist und im Umkehrschluss jeder Unkluge dient, erläutert Ambrosius die Teilung der Menschheit in Sklaven und Freie. Denn der Unverständige schwankt angesichts der Eindrücke der weltlichen Ereignisse, wohingegen der Weise stets in der Liebe und im Glauben zu Jesus verwurzelt bleibt, deshalb ist er zum Herrschen befähigt. Wegen seines Mangels an charakterlicher Eignung für die Führung eines selbstständigen Lebens soll sich der *insipiens* unterordnen und in Knechtschaft leben. Neben den allgemeinen der Stoa entnommenen und durch Bibelzitate verstärkten Argumenten zugunsten seiner Theorie stützt sich der Kirchenvater auch auf das Alte Testament. Somit meint Ambrosius, seine Lehre sei in der Bestrafung der Torheit durch die biblischen Weisen

---

[53] Vgl. Klein, Richard: Die Sklaverei in der Sicht der Bischöfe Ambrosius und Augustinus. Stuttgart 1988, S. 9
[54] Vgl. Ritter, Adolf Martin: Alte Kirche. Neukirchen-Vluyn 2015, S. 205
[55] Vgl. Erzdiözese Wien: Was ist ein Kirchenvater?
[56] Vgl. 1 Kor 7,22–24
[57] Vgl. Faust, Ulrich: Christo servire libertas est. Zum Freiheitsbegriff des Ambrosius von Mailand. Salzburg und München 1983, S. 83

Noah und Isaac mit Sklaverei begründet.[58] Mit dieser Argumentation wird die Institution der Sklaverei für die moralisch und geistig Schwachen als notwendig und gottgewollt gerechtfertigt. Allerdings erfährt die Versklavung aus Gründen des Zufalls, wie etwa durch Kriegsgefangenschaft, keine Legitimation. Die angegebene Erklärung der Sklaverei kann nicht für vorbildliche Christen, die sich auch unter den Unfreien befinden, gelten. Aber der Bischof versucht erst gar nicht eine stringente Begründung zu finden. Er greift bereitwillig zu dem „Mittel der Relativierung und Spiritualisierung, wozu ihm sowohl die Ethik der Stoa wie auch das christliche Liebesgebot eine Handhabe bieten."[59]

Für Ambrosius ist das Verhältnis eines Sklaven zu seinem Herrn ein Ebenbild der Beziehung des Sklavenhalters als Diener Gottes zu seinem himmlischen Herrn. In Anlehnung an Petrus[60] fordert Ambrosius die Sklavenbesitzer dazu auf, Sklaven nicht wie Menschen von einem geringeren Rang zu behandeln, sondern sich darauf zu besinnen, dass Herren und Sklaven derselben göttlichen Natur teilhaftig und vor Gott alle Menschen gleich sind. Trotzdem denkt auch der Mailänder Bischof nicht an eine Umwälzung der bestehenden sozialen Verhältnisse. Im Hinblick auf die Beziehung zwischen Herrn und Sklaven postuliert der Kirchenvater jedoch für die damalige Zeit ungewöhnliche Veränderungen. Ambrosius kommt zu der Auffassung, dass ein Sklavenbesitzer die Arbeit seines Sklaven wie die seiner Söhne und Freunde zu schätzen hat, und der Unfreie die Befehle des Herrn als Aufträge verstehen soll. Auf diese Art verliert die Sklaverei ihre charakteristischen Kennzeichen. Durch dieses gleichwertige Nebeneinander wird der Unfreie wie in der stoischen Philosophie zu einem freien Lohnarbeiter, jedoch ist bei Ambrosius der menschliche Herr auch seinen Sklaven verbunden.[61]

Ebenso wie Paulus in 1 Kor 7,20–24 sieht der Kirchenvater in den Sklaven Freigelassene des himmlischen Vaters und der Erlöste schuldet dem Herrn seine Dienste. Ein Sklave Gottes zu sein ist dagegen, laut Ambrosius, der sich selbst und alle Freien und Sklaven als *Servi Christi* bezeichnet, ein Zeichen von tugendhaftem Wandel.[62] Vor Gott zählt nicht die äußere Unfreiheit, sondern das Maß der Demut eines Christen, die in der Erkenntnis der Weisheit Gottes und damit der Freiheit zu finden ist. Allein der weise Christ vertraut sich der Führung Gottes an und erlebt dadurch eine Art von Freiheit, die nur ein gläubiger Christ erfahren kann.

---

[58] Vgl. Garnsey, Peter: Ideas of slavery from Aristotle to Augustine. Cambridge 1996, S. 193
[59] Klein, Richard: Die Sklaverei in der Sicht der Bischöfe Ambrosius und Augustinus. Stuttgart 1988, S. 27
[60] Vgl. 2 Petr 1,4
[61] Vgl. Klein, Richard: Die Sklaverei in der Sicht der Bischöfe Ambrosius und Augustinus. Stuttgart 1988, S. 34 ff.
[62] Vgl. Faust, Ulrich: Christo servire libertas est. Zum Freiheitsbegriff des Ambrosius von Mailand. Salzburg und München 1983, S. 56

Auffallend dabei ist, dass Ambrosius in seinen Schriften das Gedankengut von den antiken Philosophen aufnimmt, mit christlichen Anschauungen verknüpft und damit für seine Zwecke überarbeitet. Mit diesem Prinzip, die Sklaverei nicht nur als berechtigt hinzunehmen, sondern sie auch in christlich-stoischen Sinn weitestgehend zu relativieren, glaubt Ambrosius der gesellschaftlichen Situation seiner Zeit, aber auch der christlichen Nächstenliebe gerecht zu werden.

2.2.2.2 Augustinus von Hippo

Augustinus von Hippo, geboren 354 n. Chr. in Thagaste im heutigen Algerien und gestorben am 28. August 430 n. Chr. als Bischof der nordafrikanischen Stadt Hippo Regius, wird als einer der größten Theologen der spätantiken Westkirche bezeichnet. Er ist als einer der wenigen Kirchenväter noch bis heute von Bedeutung für die Lehre des Christentums. Zu dieser Tatsache hat der Bischof mit seinem umfangreichen Schrifttum, welches 232 Bücher umfasst, ohne dabei seine Briefe und Predigten einzuschließen, selbst beigetragen.[63]

Der Kirchenvater kommt zu der Auffassung, dass kein Mensch von Natur aus ein Sklave ist, denn Gott hat niemanden dazu geschaffen, einem anderen Individuum zu dienen. Gemäß Gottes Absicht sollen die Menschen sich die anderen Lebewesen sowie die Welt untertan machen und nicht einen Mitmenschen.[64] Das Aufkommen der Sklaverei stellt in der Folge einen Rückschritt in der gottgewollten Schöpfung dar. Aber weshalb lässt Gott einen solchen Zustand, den er bei dem Schöpfungsakt nicht beabsichtigt hat, in der Welt unverändert? Der Grund dafür liegt nach Augustinus in der Sündhaftigkeit der Menschen, nicht in der Natur.[65] „So lesen wir denn auch nirgends in den Schriften von einem Sklaven, bis der gerechte Noah seinen Sohn zur Strafe für seine Sünde mit diesem Namen belegte [Gen 9,25] ... Dazu aber kam es gewiss nicht ohne göttliche Verfügung, bei dem es keine Ungerechtigkeit gibt [...]. Allein, wie der höchste Herr sagt: ‚Jeder, der Sünde tut, ist der Sünde Knecht' [Joh 8,34]."[66] Aus alledem folgt, dass für Augustinus die Sklaverei als Strafe für moralische Verfehlungen verhängt von Gott anzusehen ist. Demnach sind ihre Sünden die Ursache für die Versklavung von Kriegsgefangenen und von allen anderen, die das Los der

---

[63] Vgl. Ritter, Adolf Martin: Alte Kirche. Neukirchen-Vluyn 2015, S. 220
[64] Vgl. Gen 1,26 ff.
[65] Vgl. Garnsey, Peter: Ideas of slavery from Aristotle to Augustine. Cambridge 1996, S. 217 f.
[66] Augustinus: Über die Bürgschaft Gottes 19,15. In: Ritter, Adolf Martin: Alte Kirche. Neukirchen-Vluyn 2015, S. 237

Sklaverei ereilt hat.[67] Vielmehr dient sie gemäß dem Bischof dazu, die natürliche Ordnung zu wahren und zu schützen. Ebenso geht er davon aus, dass der Besitz eines Sklaven als ein grundlegendes Recht gewährt wird von den staatlichen Institutionen und den kaiserlichen Gesetzen. Dieses irdische Recht wird von Gott über die Kaiser an die Menschen übergeben und ist damit als göttliche Verfügung hinzunehmen.[68] Seine Ansichten spiegeln sich auch in der Aufforderung des Apostels Paulus an die Sklaven wider, in ihrem Stand zu bleiben und ihrem Herrn bereitwillig zu dienen.[69] Dementsprechend ermahnt Augustinus wie schon Ambrosius die Sklaven dazu, in ihrem Selbstverständnis als *Servi Christi* den Dienst für ihre Besitzer abzuleisten. Auch an die Sklavenhalter richtet der Kirchenvater das Wort. Hiermit macht er deutlich, dass die guten Sklaven nicht ihrem irdischen Herrn den Gehorsam zeigen, sondern nur dem Gebot ihres himmlischen Gebieters Folge leisten.[70]

Im Gegensatz zu Ambrosius und Aristoteles erklärt Augustinus die Entstehung der Sklaverei nicht mit der natürlichen Unterordnung des unverständigen Menschen unter einen anderen weiseren Mann. Augustinus bleibt weitgehend dem stoisch-paulinischen Grundsatz einer allgemeinen Gleichheit und Gleichwertigkeit der Menschen verhaftet. Von ihm wird eine strafende und ordnende Funktion der Sklaverei postuliert, die von Gott für sündhaftes Verhalten verhängt wird. Letztlich wird somit der Missbrauch der von Gott geschenkten Freiheit mit dem Entzug derselben bestraft.

3 Fazit und Ausblick

Abschließend soll im letzten Teil der Seminararbeit ein Vergleich zwischen den Haltungen der antiken, römischen Philosophen und der Urchristen zur Sklaverei im Römischen Reich gezogen werden. Ausgehend von dieser Gegenüberstellung werden folgende Fragen beantwortet: Inwieweit stimmen die Haltungen zur Sklaverei der Christen und der Philosophen im Römischen Reich überein? Trotz aller Gemeinsamkeiten – wo liegen die Unterschiede?

---

[67] Vgl. Augustinus: Über die Bürgschaft Gottes 19,15. In: Garnsey, Peter: Ideas of slavery from Aristotle to Augustine. Cambridge 1996, S. 217 f.

[68] Vgl Augustinus von Hippo: Traktate über das Johannesevangelium 6,25. In: Ritter, Adolf Martin: Alte Kirche. Neukirchen-Vluyn 2015, S. 236

[69] Vgl. Augustinus: Über die Bürgschaft Gottes 19,15. In: Ritter, Adolf Martin: Alte Kirche. Neukirchen-Vluyn 2015, S. 237

[70] Vgl. Klein, Richard: Die Sklaverei in der Sicht der Bischöfe Ambrosius und Augustinus. Stuttgart 1988, S. 164 f.

Im Laufe der Ausführungen ist deutlich geworden, dass ganz besonders bei den Philosophen, aber auch in der urchristlichen Gemeinde keine einheitliche Stellungnahme zu der Institution der Sklaverei existiert hat. Ein starker Kontrast zwischen den Positionen der unterschiedlichen Autoren ergibt sich in der Diskussion um die Rechtfertigung der Sklavenhaltung. Die Philosophen, aber auch die ersten Christen liefern verschiedene Ansätze für die Entstehung der Sklaverei. Für den Stoiker Seneca und den frühen Philon sind alle Menschen gleich, nur die Freien sind den Sklaven an Glück überlegen. Ebenso wie der späte Philon erklärt danach der Kirchenvater Ambrosius von Mailand, dass die unverständigen Menschen einem Herrn zu ihrem eigenen Wohl und dem der Gesellschaft untergeordnet werden sollen. Der Apostel Paulus gibt keinen Grund für die Entwicklung der Sklaverei an, er mahnt, vor dem Hintergrund der Naherwartung auf die Rückkehr Jesu, jeder soll in seinem Stand bleiben. Augustinus von Mailand dagegen nennt die Sündhaftigkeit der Menschen als Ursache für ihre Versklavung.

Trotzdem ist bei allen Autoren zu erkennen, dass die Sklaverei relativiert wird, aber die Institution als solche unangetastet bleibt. Hierbei unterscheidet sich nur die Herangehensweise. So werden die Unfreien bei den Christen zu *Servi Christi* und sollen ihrem himmlischen Herrn dienen, indem sie bereitwillig dem irdischen Herrn gehorchen. Die Stoiker, genauso wie Philon, rufen die Herren dazu auf, ihre Sklaven wie freie Lohnarbeiter zu behandeln. Mit dieser Relativierung der herrschenden sozialen Gegensätze zwischen Besitz und Besitzer verknüpfen die antiken Schriftsteller die Ermahnung an die Sklavenhalter zu einem humanen Umgang mit ihren Sklaven.

Zusammenfassend lässt sich feststellen, dass die Urkirche den Sklaven die Gleichheit und Brüderlichkeit in Christus gepredigt hat. Den frühchristlichen Gemeinden geht es jedoch nicht um eine bestimmte neue soziale Gesellschaftsordnung, sondern um das Christsein in den Gegebenheiten des alltäglichen Lebens. Sie haben sich eben nicht die Umwälzung der bestehenden sozialen Verhältnisse zum Ziel gemacht, sondern die Verkündigung der Botschaft Christi. Diese hat Erleichterung für viele Sklaven gebracht, aber nicht die Erlösung für alle.

4 Literaturverzeichnis

4.1 Primärliteratur

Augustinus: Über die Bürgschaft Gottes 19,15. In: Garnsey, Peter: Ideas of slavery from Aristotle to Augustine. Cambridge 1996, S. 217 f.

Augustinus von Hippo: Traktate über das Johannesevangelium 6,25. In: Ritter, Adolf Martin: Alte Kirche. Neukirchen-Vluyn 2015, S. 236

Augustinus: Über die Bürgschaft Gottes 19,15. In: Ritter, Adolf Martin: Alte Kirche. Neukirchen-Vluyn 2015, S. 237

Gal 3,27-29. In: Die Bibel. Einheitsübersetzung der heiligen Schrift. Altes und Neues Testament. Stuttgart 1980

Gen 1,26 ff. In: Die Bibel. Einheitsübersetzung der heiligen Schrift. Altes und Neues Testament. Stuttgart 1980

Kol 3,18 – 4,1. In: Die Bibel. Einheitsübersetzung der heiligen Schrift. Altes und Neues Testament. Stuttgart 1980

1 Kor 7,22–24. In: Die Bibel. Einheitsübersetzung der heiligen Schrift. Altes und Neues Testament. Stuttgart 1980

2 Petr 1,4. In: Die Bibel. Einheitsübersetzung der heiligen Schrift. Altes und Neues Testament. Stuttgart 1980

Philon von Alexandria: De specialibus legibus 3.137. In: Garnsey, Peter: Ideas of slavery from Aristotle to Augustine. Cambridge 1996, S. 171

Philon von Alexandria: Über die Freiheit des Tüchtigen 17–19. In: Garnsey, Peter: Ideas of slavery from Aristotle to Augustine. Cambridge 1996, S. 158

Philon von Alexandria: Über die Freiheit des Tüchtigen 43. In: Garnsey, Peter: Ideas of slavery from Aristotle to Augustine. Cambridge 1996, S. 159 f.

Phlm 16. In: Die Bibel. Einheitsübersetzung der heiligen Schrift. Altes und Neues Testament. Stuttgart 1980

Seneca, Lucius Annaeus: Epistulae morales ad Lucilium IV 2, 11 (31). In: Vollmann, Franz: Über das Verhältnis der späteren Stoa zur Sklaverei im Römischen Reich. Hamburg 2013, S. 14 f.

Seneca, Lucius Annaeus: Epistulae morales ad Lucilium V 3 (44). In: Loretto, Franz (Hrsg.): Briefe an Lucilius über Ethik. 5.Buch. Stuttgart 1988, S. 13 ff.

Seneca, Lucius Annaeus: Epistulae morales ad Lucilium V 6 (47). In: Loretto, Franz (Hrsg.): Briefe an Lucilius über Ethik. 5.Buch. Stuttgart 1988, S. 25 ff.

4.2 Sekundärliteratur

Bormann, Lukas: Philippi. Stadt und Christengemeinde zur Zeit des Paulus. Leiden, New York, Köln 1995

Faust, Ulrich: Christo servire libertas est. Zum Freiheitsbegriff des Ambrosius von Mailand. Salzburg und München 1983

Finkenauer, Thomas: Die Rechtsetzung Mark Aurels zur Sklaverei. Mainz 2010

Garnsey, Peter: Ideas of slavery from Aristotle to Augustine. Cambridge 1996

Gülzow, Henneke: Christentum und die Sklaverei in den ersten drei Jahrhunderten. Bonn 1969

Klein, Richard: Die Sklaverei in der Sicht der Bischöfe Ambrosius und Augustinus. Wiesbaden 1988

Laub, Franz: Die Begegnung des frühen Christentums mit der antiken Sklaverei. Stuttgart 1982

Ottmann, Henning: Geschichte des politischen Denkens. Die Römer. Stuttgart und Weimar 2002

Ritter, Adolf Martin: Alte Kirche. Neukirchen-Vluyn 2015

Schröder, David: Die Haustafeln des neuen Testaments: ihre Herkunft und ihr theologischer Sinn. Hamburg 1959

Schulz, Siegried: Gott ist kein Sklavenhalter. Die Geschichte einer verspäteten Revolution. Zürich 1972

Vollmann, Franz: Über das Verhältnis der späteren Stoa zur Sklaverei im Römischen Reich. Hamburg 2013

Weber, Carl: Sklaverei im Altertum. Leben im Schatten der Säulen. Düsseldorf 1981

4.3 Internetquellen

Bibelwissenschaft: Das babylonische Exil:
http://www.bibelwissenschaft.de/bibelkunde/themenkapitel-at/babylonisches-exil/,
nach Stand vom 02.09.2017

Katholisch-Theologische Fakultät der Ludwig-Maximilians-Universität München: Das hellenistische Judentum:
http://www.bibelstudium.kaththeol.uni-
muen-
chen.de/hintergruende/religion_glaube_philosophie/hellenistisches_judentum/hellen_juden
tum_lit/index.html,
nach Stand vom 02.09.2017

Katholisch-Theologische Fakultät der Ludwig-Maximilians-Universität München: Der vorchristliche Paulus:
http://www.bibelstudium.kaththeol.uni-
muenchen.de/paulus/biographisches/vorchristlich/index.html,
nach Stand vom 06.09.2017

Erzdiözese Wien: Was ist ein Kirchenvater?:
https://www.erzdioezese-
wien.at/site/nachrichtenmagazin/magazin/kleineskirchenlexikon/article/40075.html,
nach Stand vom 11.09.2017